读有所得

中共湖南省委宣传部 指导
《读有所得》编辑部 编

120

湖南文艺出版社

目 录

文史撷英

书 香

艺术欣赏

中西文化的关键性差别

◎楼宇烈

二战期间，有一位美国的军事学家到我国的驻美大使馆访问，问武官在军校里读些什么书，读不读《孙子兵法》。

我们的武官说：《孙子兵法》确实是非常重要的经典，但是已经不太适应现代战争，我们需要学习西方理论。

谁知这位美国人说：你们把《孙子兵法》读懂了，我们这些著作都可以不读。

于是他分析了西方兵圣克劳塞维茨的《战争论》和《孙子兵法》的差异后指出，克劳塞维茨的军事思想是理想主义的绝对论，是要把敌人彻底消灭掉，而《孙子兵法》则是现实主义的中庸之道，在现实中可以有各种变通的方法，可以“不战而屈人之兵”。

我认为，这个对比不仅是军事思想的对比，也是整个中国文化与西方文化的对比：西方文化是理想主义的绝对观念，中国文化则是现实主义的中庸思想。

西方文化的传统，不论是哲学，还是近代兴起的实证科学，都是面对千差万别变动的现象世界，追求背后的本质或本原，追求现实之外的永恒、普遍、统一的真理。这是一种二元分离乃至对立的取向，本质与现象、本原与现实因为对立而无法统一。

在现实生活中，这种取向会转变成对标准的追求，认为只有建立一个可定义、普适化、可操作的标准，才把握了事物的本质。用标准来规范个体，常常会导致个体差异被抹平。

如果认为康德的纯粹理性才是哲学，并以此为标准来看，中国没有严密的逻辑推理体系，没有脱离形而下的纯理性思索，所以，中国也就没有哲学。但是，哲学并不就等于形而上学。中国文化的传统从不把现象与本质、形而上与形而下割裂开。

《周易》讲的是“形而上者谓之道，形而下者谓之器”。“道”与“器”在名义上虽然可以分开，但在现实中是无法分开的。“道”不离“器”，“器”不离“道”。这个特点也可以用宋明理学来说明。

宋明理学有丰富的逻辑分析，理学家在形而上层面有了进一步的发展，但“理”和“气”同样是不可分离的。朱熹就认为，“理，形而上者；气，形而下者”，“天下未有无理之气，亦未有无气之理”，在做理论分析时必须区别“理”和“气”，但在现实世界中，“理”和“气”是融为一体的。

《论语》记载了这样一个故事，子游说子夏的学生在洒扫、应对、进退等日常举止上是可以的，但这些都是枝节，根本的道理子夏却没有传授。子夏听说了以后，大不以为然：不从人伦日用入手，怎么能认识天道性命呢？

理学家对子夏的话非常推崇，认为“圣人之道，更无精粗，从洒扫应对，与精义入神贯通只一理”，又说“凡物有本末，不可分本末为两段事。洒扫应对是其然，必有所以然”。

真正的道理无所不在，道就在人伦日用中，不是离开现实另外有个道。百姓日用而不知的就是常道，要重在从人伦日用中去体悟，这就很好地贯通了道与器。形而上与形而下，是贯通的还是分离的，这是中西哲学乃至中西文化的一个关键性差别。

（文章有删节，选自《北京日报》2020年5月11日）

读字

查：多音字。读 chá，意为检查、调查，如盘查、查访等。读 zhā，姓氏。

犇：读 bēn，“奔”的异体字；也可用作姓氏和人名。

慎己所好 不为物役

◎寒山石

明末散文家张岱在《陶庵梦忆》里讲过这样一句话："人无癖不可与交，以其无深情也。"大意是说，一个人如果没有什么喜好，就不值得结交，因为这样的人不痴情也不重情。喜好即爱好，既可陶冶个人情操，也可能因把持不好、玩物丧志而迷失自己。所以，人们历来把守住"爱好关"作为修身律己、从政为官的大智慧。

一个人的爱好，能够反映其品位。正如北宋欧阳修在《有美堂记》中所讲："视其所好，可以知其人焉。"可见，如何"操持雅好，神游物外"，是一门大学问。党员干部对待自己的兴趣爱好，当喜之有品，追求境界，做到有节有度，对有利于人品官德修养的则精心育之，不利的则断然弃之，介于二者之间的则慎重节之。

苏轼在《宝绘堂记》中提出："君子可以寓

意于物，而不可以留意于物。”“寓意于物”，就是以欣赏之心看世间心仪之物，可寄托情感、乐享旨趣；而“留意于物”，则是以贪婪之态企图攫取为一己所有，以致“人为物累，心为形役”，此实乃两种境界、两种人生。党员干部对待自己的兴趣爱好，当乐之有道，寓意于物。倘若“以物易其性”“弃身以殉物”，沦为器物的奴隶，就会丧失应有的欢乐和自由。

爱好归爱好，但必须严守底线，防止蜕变。北宋书画大家米芾爱石成癖，看见一块好石，竟能作揖下跪，口称“石兄”，达到如此癫狂的程度。他在涟水做官期间审理一桩命案，一天，有人带着几块奇石求见，石头小巧玲珑，巧夺天工，世间少见。来人请米芾在命案上高抬贵手。米芾正色说：“我爱石，但更爱百姓，客人不必多说，请回吧。”米芾在原则与爱好面前，在百姓和奇石面前，在廉洁与腐败面前，毅然选择了前者，守住了底线，这才是真正的爱之有道。党员干部对待自己的兴趣爱好，当好之有界，守住底线，决不可让其成为别有用心之人的突破口。

苍蝇不叮无缝的蛋。个人爱好之所以被不法之徒利用，根本还在于内心有贪欲。如果不加约束、节制，将爱好变成“嗜好”“恶好”甚至“贪好”，就很可能成为祸端。朱元璋说：“人君一心当谨嗜好，不为物诱，则如明镜止水，可以鉴照万物。一为物诱，则如镜受垢，水之有滓，昏翳汩浊，岂能照物？”在爱好面前，党员干部要强化自控能力，做到好之有节，好而不贪，不能任由爱好膨胀，成为自己的致命软肋，让别有用心之人乘虚而入。

（文章有删节，选自《中国纪检监察报》2020年6月11日）

《特别推荐》编选：龙昌黄

君子亭记

◎［明］王守仁

王守仁（1472—1529），字伯安，因曾筑室于会稽山下阳明洞，自号阳明子，是孟子之后儒家心学的集大成者。选文为王守仁谪居贵州龙场驿期间，为自建“君子亭”所作，有清心明志之意。

阳明子既为何陋轩，复因轩之前营[1]，驾[2]楹为亭，环植以竹，而名之曰“君子”。曰：“竹有君子之道四焉：中虚而静，通而有间，有君子之德；外节而直，贯四时而柯叶[3]无所改，有君子之操；应蛰[4]而出，遇伏[5]而隐，雨雪晦明无所不宜，有君子之时；清风时至，玉声珊然，中《采齐》而协《肆夏》[6]，揖逊俯仰，若洙、泗[7]群贤之交集，风止籁静，挺然特立，不挠不屈，若虞廷[8]群后，端冕正笏[9]而列于堂陛之侧，有君子之容。竹有是四者，而以‘君子’名，不愧于其名；吾亭有竹焉，而因以竹名，名不愧于吾亭。”

门人曰：“夫子盖自道也。吾见夫子之居是亭也，持敬以直内，静虚而若愚，非君子之德乎？遇屯[10]而不慑，处困而能亨，非君子之操乎？昔也行于朝，今也行于夷，顺应物而能当，虽守方而弗拘，非君子之时乎？其交翼翼，其处雍雍，意适而匪懈，气和而能恭，非君子之容乎？夫子盖谦于自名也，而假之竹。虽然，亦有所不容隐也。夫子之名其轩曰‘何陋’，则固以自居矣。”

阳明子曰：“嘻！小子之言过矣，而又弗及。夫是四者何有于我哉？抑学而未能，则可云尔耳。昔者夫子不云乎，‘汝为君子儒，无为小人儒’[11]，吾之名亭也，则以竹也。人而嫌以君子自名也，将为小人之归矣，而可乎？小子识之！”

（选自《王阳明集》，中华书局，2018年2月）

[1]营：地界。[2]驾：通“架”，架设，构筑。[3]柯叶：枝叶。[4]蛰：此处为二十四节气中的惊蛰。[5]伏：伏日，三伏的总称，一年中最热的时候。[6]《采齐》《肆夏》：二者均为古乐曲名。《周礼·春官》有云：“乐师掌国学之政，以教国子小舞。……教乐仪，行以《肆夏》，趋以《采荠》，车亦如之。”《采荠》，又作《采齐》。[7]洙、泗：本指春秋时期流经鲁国的洙水和泗水，因孔子在洙泗流域讲学授业，故以洙泗代称儒家圣贤。[8]虞廷：即虞舜之廷，代指圣朝。[9]笏（hù）：古时大臣上朝手持的手板，多用玉、象牙、竹片等制成。[10]屯（zhūn）：此处意为艰难、困顿。[11]“汝为君子儒，无为小人儒”：语出《论语·雍也》，汝，原作“女”。君子儒，君子式的儒者。小人儒，指追求名望的儒者，一说指无远大见识，只追求眼前功利的儒者。

译文

阳明子建起何陋轩后，又在轩前竖起楹柱，盖了一座亭子，亭子四周种上青竹，命名为“君子亭”。阳明子说：“竹子具备君子的四种精神：虚心而平静，通达而有节制，有君子的品德；竹节分明而笔直，历经四季而枝叶不变，有君子的操守；随惊蛰而破土，到了伏天就息隐，不论雨雪阴晴都能适应，有君子与时偕行之风；清风徐来，声脆若玉，合于《采齐》，与《肆夏》相协。风动时揖让俯仰，如儒圣群贤交集，有序有礼。清风过后，万籁俱静，竹子傲然挺拔，不屈不挠，就像虞舜朝堂上的文武百官，正冠持笏，立于殿堂两旁，颇有君子的容姿。竹子具有这四种品格，因而被赋予“君子”之名，乃实至名归，无愧所称。现今我的亭子环种翠竹，以竹为名，亦无愧于此亭。”

门人说：“夫子您恐怕是在描述自己吧。我看您坐在这个亭子里，内心恭敬正直，宁静淡泊，大智若愚，这难道不是君子才有的品德吗？遇到困难而不恐惧，处于困境依旧通达，这难道不是君子才有的操守吗？过去您奔忙于朝廷，而今您处在蛮夷之地，仍能因地制宜有所作为，坚持原则却不拘泥，这难道不是君子应时处世之风吗？您交友谨慎，与人相处大方从容，意态闲适而不懈怠，心气平和而又恭谨，这难道不是君子才有的容姿吗？恐怕先生您是出于自谦，不以‘君子’自名，故而假借于竹子吧。虽然如此，您还是有无法隐藏的地方。夫子您将小屋唤作‘何陋’，本就有以君子自居之意。”

阳明子答道：“呵呵，你的话有些过了，但还有没说到的地方。你所说的那四点，我哪里配得上呢？如果说我在朝这个方向努力，那是可以的。孔子不是说过吗，‘你应做君子儒，不要做小人儒’。我给亭子取这个名字，是因为四周种了竹子。人如果不屑于以君子自命，就容易堕为小人，这怎么行呢？你可要明白其中的道理呀！”

千秋评说

梅花一时艳，竹叶千年色。（[南朝宋]鲍照）

竹似贤，何哉？竹本固，固以树德，君子见其本，则思善建不拔者；竹性直，直以立身，君子见其性，则思中立不倚者；竹心空，空以体道，君子见其心，则思应用虚受者；竹节贞，贞以立志，君子见其节，则思砥砺名行，夷险一致者。（[唐]白居易）

春雷殷岩际，幽草齐发生。我种南窗竹，戢戢已抽萌。坐获幽林赏，端居无俗情。（[南宋]朱熹）

君子大美——居必有竹

◎马达飞

中国的竹文化尤为深邃，它既被称为“四君子”之一，又与“松”和“梅”并称“岁寒三友”，古人对竹的喜爱程度足见一斑。中国被誉为竹子的国度，从历史来看，《吴越春秋》所记《弹歌》中“断竹，续竹，飞土，逐宍”的咏唱记载，证明上古时期，我国先民们便对竹有深刻的认识与使用。应该说，竹作为应用植物，更作为一种精神，可谓美善相兼，道器合一。

与其他“诸君子”相比，竹最为寻常可见，古人种竹以助风雅。竹形态挺拔，样貌洒脱，民居亭台楼阁，乃至皇室庙堂园林，随处可见其身影。竹也是“诸君子”中最实用的，大可以造屋，小可以书写，甚至做成各式各样的乐器。古称音乐为“丝竹”，造乐器如箜篌、竹笛、竹箫、竹板等等，都与竹密不可分，应该说中国的音律史，断不能离开竹。竹的幼芽——竹笋还能够入食，可以做成百般美味。竹真可谓道器兼具，无处不美。难怪苏东坡在《于潜僧绿筠轩》一诗中说："可使食无肉，不可居无竹。"

"筑"字从竹，可见竹子用于建筑已历史悠久。据《三辅黄图》载，能工巧匠以竹为汉武帝造甘泉祠宫，由此可见竹建筑技艺在汉代已经趋于成熟。川西民居的"林盘"，通过竹林来进行气候和温湿度的调节，如同宋代诗僧释智圆在《庭竹》一诗中所言："移去群花种此君，满庭寒翠更无尘。暑天闲绕烦襟尽，犹有清风借四邻。"宋代王禹偁在湖北黄冈筑造竹楼，并撰《黄冈竹楼记》曰："夏宜急雨，有瀑布声；冬宜密雪，有碎玉声。宜鼓琴，琴调和畅；宜咏诗，诗韵清绝；宜围棋，子声丁丁然；宜投壶，矢声铮铮然。皆竹楼之所助也。"这般的风雅，这般的意趣，恐怕在水泥钢筋所铸就的都市丛林中，已难以品味得到了。

（文章有删改，选自《中国经营报》2012年10月22日）

王阳明报答“夷民”

明武宗正德元年（1506）十一月，王阳明因救言官乃上《乞宥言官去权奸以章圣德疏》，将矛头直指把持朝政的宦官刘瑾，结果被刘瑾矫旨将他廷杖四十后系狱，十二月被谪为贵州龙场驿丞。

谪官龙场，是王阳明坎坷人生的一次劫难，也是促成他悟入圣人之道的大事因缘。王阳明在龙场从其儒家心学“性善论”出发，提出“人性之善，天下无不可化之人”的观点。因此王阳明对少数民族抱以亲善友好、诱导教化的态度，并不因来自“上国”（京城）而自以为是，也不因身为朝廷命官而傲视龙场乡民，更不因是大汉民族而轻视黔中少数民族，相反，他与龙场苗彝诸少数民族朝夕相处而不以为陋。王阳明的这一观点，对于当时贵州少数民族群众解放思想，认识自己的力量，发扬人的主体精神，的确是起到了巨大的鼓励和催化作用。

龙场驿始建于明洪武年间，从未有过学舍。为报答当地“夷民”的厚爱，王阳明在龙场创建龙冈书院，不知疲倦地“讲学化夷”，深得当地“夷民”及诸生的敬服。王阳明离开龙场后，当地苗彝诸乡民对他非常怀念，把龙冈山奉为圣地，相约不在山上放牧采樵。今龙冈山树木茂盛青翠，似象征着王阳明与龙场少数民族的友情万古长青。此外，王阳明在龙场还应安贵荣之请，欣然为水西苗彝人民崇奉的象祠（位于今贵州省黔西县东三十余公里的麟角山上）写了著名的《象祠记》，表明了他对当地少数民族风俗习惯的尊重。这篇名作既表达了他对当地少数民族的真挚感情，也是他与当地少数民族友好关系的历史见证。

（标题为编者所拟，原题《王阳明“龙场悟道”》，作者王路平，文章有删节，选自《中国纪检监察报》2016年1月18日）

桃花溪

◎［唐］张旭

张旭（生卒年不详），苏州吴县（今江苏苏州）人，书法家，尤擅草书，有“草圣”之誉。诗亦闻名当时，尤长七绝，与张若虚、贺知章、包融并称“吴中四士”。选诗是张旭借陶潜《桃花源记》的意境写成，表达了他对理想世界的向往和追求。

隐隐飞桥隔野烟，石矶西畔问渔船。
桃花尽日随流水，洞在清溪何处边？

上昭文富丞相书

◎［北宋］苏辙

苏辙（1039—1112），字子由，眉州眉山（今属四川）人，“唐宋八大家”之一。选文是苏辙写给昭文馆大学士富弼的信，劝谏富弼不拘一格任用贤才治理国家。时年苏辙22岁，字里行间充满了少年豪迈之气。

辙西蜀之人，行年二十有二，幸得天子一命之爵，饥寒穷困之忧不至于心，其身又无力役劳苦之患，其所任职不过簿书米盐之间，而且未获从事以得自尽。方其闲居，不胜思虑之多，不忍自弃，以为天子宽惠与天下无所忌讳，而辙不于其强壮闲暇之时，早有所发明以自致其志，而复何事？恭惟天子设制策之科，将以待天下豪俊魁垒之人。是以辙不自量，而自与于此。

盖天下之事，上自三王以来以至于今世，其所论述亦已略备矣，而犹有所不释于心。夫古之帝王，岂必多才而自为之？为之有要，而居之有道。是故以汉高皇帝之恢廓慢易，而足以吞项氏之强；汉文皇帝之宽厚长者，而足以服天下之奸诈。何者？任人而人为之用也，是以不劳而功成。至于武帝，材力有余，聪明睿智过于高、文，然而施之天下，时有所折而不遂。何者？不委之人而自为用也。由此观之，则夫天子之责亦在任人而已。

窃惟当今天下之人，其所谓有才而可大用者，非明公而谁？推之公卿之间而最为有功，列之士民之上而最为有德，播之夷狄之域而最为有勇。是三者亦非明公而谁？而明公实为宰相，则夫吾君之所以为君之事，盖已毕矣。

古之圣人，高拱无为，而望夫百世之后，以为明主贤君者，盖亦如是而可也。然而天下之未治，则果谁耶？下而求之郡县之吏，则曰："非我能。"上而求之朝廷百官，则曰："非我责。"明公之立于此也，其又将何辞？嗟夫！盖亦尝有以秦越人之事说明公者欤？昔者秦越人以医闻天下，天下之人皆以越人为命。越人不在，则有病而死者，莫不自以为吾病之非真病，而死之非真死也。他日，有病者焉，遇越人而属之曰："吾捐身以予子，子自为子之才治之，而无为我治之也。"越人曰："嗟夫，难哉！夫子之病，虽不至于死，而难以愈。急治之，则伤子之四支；而缓治之，则劳苦而不肯去。吾非不能去也，而畏是二者。夫伤子之四支，而后可以除子之病，则天下以我为不工；而病之不去，则天下以我为非医。此二者，所以交战于吾心而不释也。”既而见其人，其人曰：“夫子则知医之医，而未知非医之医欤？今夫非医之医者，有所冒行而不顾，是以能应变于无穷。今子守法密微而用意于万全者，则是子犹知医之医而已。”天下之事，急之则丧，缓之则得，而过缓则无及。孔子曰：“道之难行也，我知之矣。知者过之，不肖者不及也。”夫天下患于不知，而又有知而过之者，则是道之果难行也。

昔者，世之贤人，患夫世之爱其爵禄，而不忍以其身尝试于艰难也。故其上之人，奋不顾身以搏天下之公利而忘其私。在下者亦不敢自爱，叫号纷讻，以攻讦其上之短。是二者可谓贤于天下之士矣，而犹未免为不知。何者？不知自安其身之为安天下之人，自重其发之为重君子之势，而轻用之于寻常之事，则是犹匹夫之亮耳。

（文章有删节，选自《苏辙集》，中华书局，1990年8月）

《古典》编选：龙昌黄

谈画龙点睛

◎ 丰子恺

在我国散文作家中，丰子恺（1898—1975）多才多艺，在绘画、音乐、书法、艺术教育、翻译等领域都有建树。其文集《静观人生》辑录了他具有代表性的七十篇散文随笔，基本反映了丰子恺的创作全貌。

中国画家描人物，特别注重眼珠的描法，即所谓点睛。睛因为特别重要，画家往往迟迟不点。以不点睛著名的，有最古的两位画家：晋朝的卫协，尝画《七佛图》，不点眼睛，谓点睛即欲飞去。卫协的弟子顾恺之画人物，亦数年不点睛。人问之，答曰："四体妍媸，无关于妙处；传神写照，正在阿堵之中。"关于他的点睛，还有一段逸话，大意是这样：瓦棺寺募化，士大夫所捐无过十万钱者，恺之素贫，却认捐百万钱。人以为大言。恺之命寺僧备一壁，闭户一月余，于壁上画维摩诘像一躯。工毕，将点眸子，观者云集。户开，画像灿烂，光照一寺。恺之命僧众向观者求施，得百万钱。

后来关于龙的点睛，更有神奇的记载：梁张僧繇于金陵安乐寺画四龙于壁，不点睛。每曰："点睛即飞去。"人以为诞，因点其一。须臾，雷电破壁，一龙乘云上天，不点睛者皆在。

看了这种记载，我对于中国古画真有些儿神往。可惜现在空留这几段逸话，若得卫协的《七佛图》，顾恺之的《维摩诘像》，或者张僧繇的《三龙》（一龙已乘云上天了）还存在于世上，即使遥遥地保藏在大英博物馆里，我也颇想筹措旅费，专诚往观。但这是不可能的事，现在只许我凭空想象而已。

中国画的贵重点睛，我想是为了中国画根本不求形似而重气韵的缘故。据画论所说，气韵必在生知，不可学而能。又说山川草木皆有神韵。假如有人问，气韵、神韵，究竟是什么东西？照画论的说法，只能以“不可言传”“微妙不可说”一类的话回答他。我想，山川草木的神韵固然难于言喻；若换了人物，也许容易说明些。因为人物的神韵，主在于眼睛的表情上。我们只要想象：与盲人相对，只为了他那两个眼眶里少两点黑珠，因而其人没有神气，即使同他联袂促膝，终觉得隔膜，好像不能彼此心照神会，无法畅叙衷曲似的。反之，若在那两个眼眶里点了两点黑珠，即使隔着很远的距离，一在墙内，一在墙外，恋爱者也能眉眼传情，或者“目成”。“临去秋波”更能使人难于禁受呢。正经地说，孟子也曾有话：“存乎人者，莫良于眸子。眸子不能掩其恶。胸中正，则眸子瞭焉；胸中不正，则眸子眊焉。听其言也，观其眸子，人焉廋哉？”可知睛是传神的器官，人的心情会由睛而漏泄出来。试画同样的几个人像，面上都只画眼眶而眶内无珠。然后把各式的眸子点进去，或大或小，或全或半，或上或下，或左或右，点好之后一一观看，可见种种不同的神气。点睛的重要之理，于此可以窥见一斑。其所难者，不能任取一式，而必须与全身姿势态度相照应。换言之，某种身体的姿势态度，应取某种式样的眸子；眸子一改变，全身也须改变。画家之所以迟迟不点睛者，岂真怕他飞去？也不过在这方面煞费踌躇而已。

（标题为编者所拟，原题《读画史》，文章有删节，选自《缘·缘》，中国青年出版社，2016年8月）

千秋评说

自然看起来像艺术时，是美的；而艺术，也只有我们明知其是艺术，但看起来却又像自然时，才是美的。（[德]康德）

艺术的伟大意义，基本上在于它能显示人的真正感情、内心生活的奥秘和热情的世界。（[法]罗曼·罗兰）

屋中有画，等于悬挂了一个思想。（[英]雷诺兹）

从“画眼睛”到“画眼睛”

◎ 李俊主

眼睛确实是窥测人们灵魂的一个窗口。当某种情感、思绪向一个人袭来的时候，他可以凭着坚强的意志控制自己的表情和动作；但是，他的眼睛无论如何总瞒不过别人。因此，在艺术中，凡是眼睛刻画得好的，都可以达到很好的传神效果。看看罗丹对乌东雕像的评论吧：“这位雕塑家甚至比油画家或色粉笔画家更会表达眼珠的晶亮。他钻凿了那眼珠，在那上面他添上了又有神韵又微妙的笔触，在闪耀和晦暗之间，仿佛眼球上闪射着亮光。对这位造像家来说，眼神的表现就占了神态的一大半。”在文学作品中情况也同样，只要我们看到“在浓眉底下转来转去，恰如两匹小鼠子”（果戈里笔下泼留希金的眼睛）、“当他笑的时候，他的眼睛却不笑”（莱蒙托夫笔下皮却林的眼睛）等描写，即使我们没有再进一步去深入接触整个人物，也八成可以猜中他们的性格特征了。

眼睛在传神上的作用固然重要，不过，对于艺术描写来说，传神却并不只限于眼睛。所以黑格尔一方面认为“灵魂不仅要通过眼睛去看事物，而且也要通过眼睛才被人看见”；但同时又强调，“正如人体所不同于动物体的在于它的外表上无论哪一部分都可以显出跳动的脉搏，艺术也可以说是要把每一个形象的看得见的外表上的每一点都化成眼睛或灵魂的住所”，“都化成百眼的阿顾斯”。黑格尔要求艺术形象都成为“阿顾斯”，就是要求人物“内在的灵魂和心灵性在形象的每一点上都可以看得出。不但是身体的形状、面容、姿态和姿势，就是行动和事迹，语言和声音以及它们在不同生活情况中的千变万化，全都要由艺术化成眼睛，人们从这眼睛里就可以认识到内在的无限的自由的心灵”。

（文章有删节，选自《中华工商时报》2012年9月6日）

丰子恺家的故事会

丰子恺先生是艺术家也是教育家，尤其重视儿童教育。丰先生家中就有许多孩子。抗战前，丰先生已有四个女儿两个儿子，加上侄子侄女和邻家孩子，先生的缘缘堂常常是儿童满堂。

丰先生很重视对子女的家庭教学。孩子初闻世事，就不忘施以各种教育。先生的家教形式是多种多样的，其中家庭故事会很受欢迎，小孩都喜欢听爸爸讲故事。

丰先生常常把一些古文、古诗词、中外历史、文化名人轶事通过故事形式讲授给孩子们听，寓教于乐，孩子们都听得兴味十足。

抗战开始后，虽在逃难途中，丰子恺仍不忘用讲故事的形式来进行家庭教学。1940年2月，当全家迁至贵州遵义，生活稍一安定后，丰先生就着手给子女们补课。这时，除了1938年10月出生的丰新枚尚幼小外，其余六个子女均已是十岁至二十岁的学龄青少年。由于战乱，正规的课堂教学中断已久，丰先生认为损失的学业必须补上，便请来同在逃难迁移中的浙大学生，为孩子们补习数理、化学，国文和英语由丰先生亲自教授。同时还恢复了家庭故事会形式。

小女儿丰一吟回忆："在罗庄时，爸爸每周六晚上召集我们六个孩子开一次家庭学习会。为让学习会具有家庭聚会的欢乐气氛，爸爸还特别准备了糕点、果品。起初每次买五元，他便定名此会为'和谐会'。用石门话来说，'和谐'二字的发音与'五元'近似。后来物价涨了，爸爸就买十元，并把这学习会改名为'慈贤会'。'慈贤'二字在石门话里读音与'十元'近似。"

孩子们一边吃，一边听父亲讲故事，真是开心极了。但讲完后，丰子恺要求每人凭记忆把故事写下来，交父亲修改。这其实是丰先生教孩子们写作的方法之一。丰一吟觉得，这种办法不仅能锻炼记忆，还能培养孩子们的文字表达能力。

丰子恺讲述的那些娓娓动听的故事，最初是

为自家孩子编撰的，但都给孩子留下了很深的印象。如《明心国》《大人国》《博士见鬼》《伍元的话》《斗火车龙头》等等。1947年，丰先生寓居杭州时，就把以前所讲的故事加以整理，写了出来，并配了插图，在当时的《儿童时代》杂志上陆续发表。近四十年后，1986年7月，香港山边社请丰先生的二女儿丰宛音重新收集整理这些故事，结集出版了《丰子恺故事集》，分上下卷，共收故事十九篇。

（作者叶瑜荪，文章有删节，选自《人民日报》（海外版）2012年6月6日）

读联

兴废总关情，看落霞孤鹜、秋水长天，幸此地湖山无恙；
古今才一瞬，问江上才人、阁中帝子，比当年风景如何？

——刘坤一题南昌滕王阁

哀郢矢孤忠，三百篇中，独宗变雅开新路；
怀沙沉此地，两千年后，唯有滩声似旧时。

——郭嵩焘题汨罗屈原祠

生与死

◎袁昌英

袁昌英（1894—1973），湖南醴陵人，学者、作家，与苏雪林、凌叔华并称“珞珈三杰”。著有散文集《山居散墨》《行年四十》等。

“未知生，焉知死！”生死这个问题实在是太神秘了。孔圣人原来是欲以实际实用的人生哲学来诲导华夏民族享受王道主义大同世界的理想生活的，所以任它如何，也不肯涉及这虚浮飘忽的诡谲问题。可是理想不一定这么高尚，而又适从敌人毁灭主义下的炸弹与烧夷弹的瓦砾堆中与硫磺烟雾中挣脱出来的人，对于这诡谲之谜，委实感受一种缠纠不清的压迫，有非把它从脑海内驱逐到纸上，由纸上消散到人间，而后沉沦于乌有之国不可的形势。所以这漫谈生死非特不是故意违犯圣人的遗训，而实大有情不自已的苦衷存在着。

可是这个问题真的诡谲得如此厉害，虽然只是漫谈，却也不知从何谈起；所谓乱麻一团，从哪儿去捻住它的线头呢？最近重读《老残游记》，觉得作者刘铁云在自序里的一段话，说得意味的确深长，就把它抄一节来作一个线头吧。“婴儿堕地，其泣也呱呱；及其老死，家人环绕，其哭也号啕。然则哭泣也者，固人之所以成始成终也。其间人品之高下，以其哭泣之多寡为衡。盖哭泣者，灵性之现象也。有一分灵性，即有一分哭泣，而际遇之顺逆不与焉。马与牛，终岁勤苦，食不过刍秣，与鞭策相终始，可谓辛苦矣，然不知哭泣，灵性缺也。猿猴之为物，跳踯于深林，餍饱乎梨栗，至逸乐也，而善啼；啼者，猿猴之哭泣也。故博物家云：猿猴，动物中性最近人者，以其有灵性也。……灵性生感情，感情生哭泣。……《离骚》为屈大夫之哭泣，《庄子》为蒙叟之哭泣，《史记》为太史公之哭泣，《草堂诗集》为杜工部之哭泣；李后主以词哭，八大山人以画哭；王实甫寄哭泣于《西厢》，曹雪芹寄哭泣于《红楼梦》……吾人生今之时，有身世之感情，有家国之感情，有社会之感情，有种教之感情。其感情愈深者，其哭泣愈痛……”

“灵性生感情，感情生哭泣……其感情愈深者，其哭泣愈痛……”可谓道尽千古人生的真义！可是灵性何以生感情，感情何以生哭泣，何以又感情愈深者，其哭泣愈痛？含义虽甚显著，却亦不妨加以申述。大凡灵性越是发达的人，感觉力也就越是敏捷；感觉力越敏捷，对于生命的体验一定更加深切。天光云影，鸟语花香，水流风啸，猿啼妇泣，哪儿不使他的性灵感觉生的意态、活的表征？由体验到外界的活，而意识到己身的生，也许是由意识到己身的生，而体会到外界的活，实在是人对于生命第一步的认识，而与笛卡儿有名的哲学据点“我思想，所以我生存”大约不会距离得太远。由意识到物与我，我与人共同生长在这人间世，而对于与我共同享受生命的人与物发生感情，当然是一种必然的趋势。这意识的程度越是深入，感情的本质必定越是热烈，意识的范畴越是广远，感情的容量必定越是充实，更是一种必然的定律。这定律的作用并且是相互为因的，大概感情深厚而丰富的人，对于生命的意识没有不深切而扩大的。

（标题为编者所拟，原题《生死》，文章有删节，选自《袁昌英散文选集》，百花文艺出版社，2009年6月）

千秋评说

我们最好把自己的生命看作前人生命的延续，看作现在共同生命的一部分，同时也看作后人生命的开端。如此延续下去，科学就会一天比一天灿烂，社会就会一天比一天美好。（华罗庚）

生命不可能有两次，但许多人连一次也不善于度过。（[法]吕凯特）

人只有献身于社会，才能找出那短暂而有风险的生命的意义。（[美]爱因斯坦）

思考死：有意义的徒劳

◎周国平

一个人只要认真思考过死亡，不管是否获得使自己满意的结果，他都好像是把人生的边界勘察了一番，看到了人生的全景和限度。如此，他就会形成一种豁达的胸怀，在沉浮人世的同时也能跳出来加以审视。他固然有自己的追求，但不会把成功和失败看得太重要。他清楚一切幸福和苦难的相对性质，因而快乐时不会忘形，痛苦时也不致失态。

思考死亡的另一个收获是使我们随时做好准备，即使明天就死也不感到惊慌或委屈。尽管我始终不承认死是可以接受的，我仍赞同许多先哲的这个看法：既然死迟早要来，早来迟来就不是很重要了。在我看来，我们能够做到的仅是这个意义上的不怕死。

面对永恒的死，一切有限的寿命均等值。

在我们心目中，一个古人，一个几百年前的人，他活了多久，缘何而死，会有什么重要性吗？漫长岁月的间隔使我们很容易扬弃种种偶然因素，而一目了然地看到他死去的必然性：怎么着他也活不到今天，终归是死了！那么，我们何不置身遥远的未来，也这样来看待自己的死呢？这至少可以使我们比较坦然地面对突如其来的死亡威胁。我对生命是贪婪的，活得再长久也不能死而无憾。但是既然终有一死，为寿命长短忧虑便是不必要的，能长寿当然好，如果不能呢，也没什么，反正是一回事！一个人若能看穿寿命的无谓，他也就尽其所能地获得了对死亡的自由。他也许仍畏惧形而上意义上的死，即寂灭和虚无，但对于日常生活中的死，即由疾病或灾祸造成的他的具体的死，他已在相当程度上克服了恐惧之感。

（文章有删节，选自《只是眷恋这人间烟火》，湖南文艺出版社，2017年3月）

花会

◎ 朱光潜

1937年，朱光潜（1897—1986）应四川大学代理校长张颐之约，到川大担任文学院院长兼英文系主任。到成都的第二年，朱光潜和何其芳、卞之琳等人共同创办了杂志《工作》，《花会》即朱光潜为此刊物撰写的散文之一，描绘了成都青羊宫的花会盛况。

花会时节是成都人的惊蛰期。举行花会的地方是西门外的青羊宫。这座大道观据说是从唐朝遗留下来的。花会起于何朝何代，尚待考据家去推断，大概来源也很早。成都的天气是著名的阴沉，但在阳春三月，风光却特别明媚。春来得迟，一来了，气候就猛然由温暖而热燥，所以在其他地带分季开放的花卉在成都却连班出现。梅花茶花没有谢，接着就是桃杏，桃杏没有谢，接着就是木槿建兰芍药。在三月里，你可以同时见到冬春夏三季的花。自然，最普遍的花要算菜花。成都大平原纵横有五六百里路之广。三月间登高一望，视线所能达到的地方尽是菜花麦苗，金黄一片，杂以油绿，委实是一种大观。在太阳之下，花光草色如怒火放焰，闪闪浮动，固然显出山河浩荡生气蓬勃的景象，有时春阴四布，小风薄云，苗青鹊静，亦别有一番清幽情致。这时候成都人，无论是男女老少，便成群结队地出城游春了。

游春自然是赶花会。花会之名并不副实。陈列各种时花的地方是庙东南一个偏僻的角落。所陈列的不过是一些普通花卉，并无名品，据说今年花会未经政府提倡，没有往年的热闹，外县以及本城的名园都没有把他们的珍品送来。无论如何，到花会来的人重要目的并不在看花而在凑热闹看人。成都人究竟是成都人，丢不开那古老城市的风俗习惯。花会场所还是成都城市的具体而微。古董摊和书画摊是成都搬来的会府和西玉龙街，铜铁摊是成都搬来的东御街，著名的吴抄手在此有临时分店，临时茶馆菜馆面馆更简直都还是成都城里的那种气派。每个菜馆后面差不多都有个篾篷，一个大篾箱似的东西只留着一个方孔做门，门上挂着大红布帘。里面锣鼓喧聒，川戏、相声、扬琴、大鼓、杂耍，应有尽有。纵横不过一里的地方，除着成都城里所有的形形色色之外，还有乡下人摆的竹器木器花根谷种，以至于锄头菜刀水桶烟杆之类。地方小，花样多，所以挤，所以热闹。大家来此，吃、喝、买、卖、“耍”，看，城里人来看乡下人，乡下人来看城里人，男的来看女的，女的来看男的。好一幅仇十洲的《清明上河图》，虽然它所表现的不尽是太平盛世的攘往熙来的盛况。

除掉几条繁盛街道之外，成都在大体上还保存着古代城市的原始风味。舶来品尽管在电光闪烁之下惊心夺目，在幽暗僻静的街道里，铜铁匠还是用钉锤锻生铜制锅制水烟袋，织工们还是在竹框撑紧的蜀锦上一针一线地绣花绣鸟。所有的道地的工商业都还是手工品的工商业。他们的制法和用法都有很长久的传统做基础。要是为实用的，它们必定是坚实耐久；要是为玩耍的，它们必定是精细雅致。一个水桶的提手横木可以粗得像屋梁，一茎狗尾草叶可以编成口眼脚翅全具的蚱蜢或蜻蜓。只要你还保存有几分稚气，花会中所陈列的这些大大小小的物品，件件都很可以使你流连。假如你像我的话，有一个好玩的小孩子，你可注意的东西就更多，风车、泥人、木马、小花篮，以及许多形形色色的小玩具，都可以使你自慰不虚此行。

（文章有删节，选自《朱光潜作品新编》，人民文学出版社，2009年12月）

千秋评说

花树开花，乃花之性，率性之谓道，有人看见与否，皆与花无涉。故置花于热闹场中花亦开，使生于万山丛里花亦开，甚至使生于孤崖顶上，无人过问花亦开。（林语堂）

梅，剪雪裁冰，一身傲骨；兰，空谷幽香，孤芳自赏；竹，筛风弄月，潇洒一生；菊，凌霜自得，不趋炎热。合而观之，有一共同点，都是清华其外，淡泊其中，不作媚世之态。（梁实秋）

成功的花，人们只惊羡她现时的明艳！然而当初她的芽儿，浸透了奋斗的泪泉，洒遍了牺牲的血雨。（冰心）

今人一得

南国花市

◎ 秦牧

从前的人们曾经叹惜过“种花一年，看花十日”。古代文人借小说里人物之口，说过这样的话：“凡花一年只开得一度，四时只占得一时，一时中又只占得数日，它熬过了三时的冷淡，才讨得这数日的风光……况就此数日间，先犹含蕊，后复零残，盛开之时，更无多了。”这些话是说得不错的。正因为这样，南国花市更加使人像踏进一个梦幻的境界似的，感到格外迷恋和赞叹。因为在这个花市里，同时陈列的盛开的花总有好几十种。原来在秋天开的，花农使它延迟在这一两天开。原来在暮春开的，花农又催它提前在这一两天开。那景象，颇使人想起中国神话中的“司花使者”一夜中使群花尽放的杰作。南国花市的另一个特色是有许多结实累累的果树同时陈列着。这就是金橘、橙子、朱砂橘、人心果之类。种得好的金橘，有一株结果在百枚以上的。花花卉卉排列得多，使人觉得各种各样的花卉似乎也各有性格，它们有刚强的，有软弱的，有庄重的，也有撒娇卖俏的，它们给人的幻想不一定和少女们联系在一起，它们也使人想起其他的人们。小葵树使人想起恬静严肃的中年人，仙人掌类植物使人想起饱经风霜的铁汉，剑兰像是女体育家，鸡冠像是摇大葵扇插大红花的媒婆……

在花市挤来挤去，那风趣是很难形容的。对春节这一类的节日，一种古老的美妙的感觉似乎一直钻进我们的微血管里。那种气氛是我们全民族所共同感受的。表面上，人山人海在看花，而在人群中似乎总有一个声音在响着，那是迎春的声音，互相祝贺的声音，那是背诵唐诗或者先哲格言（例如“一年之计在于春”之类）的声音。它使人在这种气氛中产生一种强烈的民族感情。

春天来了，大家燃爆竹、插梅花，就有一种暖融融的感觉。从前以为那不过是春天来了，爱情的酵母在血管里作怪的缘故，其实这是不尽然的。那是节日唤起的民族生活感情。在花市里，一个人对周围的一切，显得多么熟悉和水乳交融啊。

（文章有删改，选自《秦牧全集》（第一卷），广东教育出版社，2007年7月）

多读一点

朱光潜遭遇“朱光潸”

著名美学家朱光潜青年时代曾在欧洲留学，由于官费经常欠发，经济陷入窘境，他只得边读书边写作，靠稿费维持生活。他以书信的形式，先后为开明书店出版的《一般》和后来的《中学生》杂志写稿，后辑成《给青年的十二封信》出版。该书颇受青年知识分子的欢迎，风靡一时。

这使朱光潜颇受鼓舞，他一鼓作气，又用书信形式写出一部题为《谈美》的小册子。该书出版时，书店将封面附注上“给青年的第十三封信”字样。书出版之后，又一次受到广大读者的广泛欢迎。

在《谈美》出版后不久的1936年初，上海书摊上出现了一本署名“朱光滑”，题为《致青年》的书，而且也有一个副标题——“给青年的十三封信”，与朱光潜的副标题只少一个“第”字。封面设计也与朱光潜的书十分相似：书名的字形和位置相仿，连一些直线中间嵌的星星都一样。所以，当一位朋友将这本书寄给朱光潜后，朱光潜也感到纳闷：怎么给我寄来我自己的一本书呢？

仔细一看，才发现这是一本假冒作品。朱光潜蓦然来了兴致，他用一种委婉的方式给这位“朱光滑”写了一封信：“尊敬的朱光滑先生，首先请您原谅，我把您的书误认为是我早年的作品了……我不认识您，也不知道您的性别，但是您的面貌、言动、姿态、性格等等，为了以上所说的一点偶然的因缘，引动了我很大的好奇心……不认识您而给您写信，似乎有些唐突，但请您记得我是您的一个读者。如果这个资格不够，那只得怪您姓朱名光潸，而又写《给青年的十三封信》了！”

接下来，朱光潜将自己写《给青年的十二封信》时的情形略做了一些回溯，说自己当时还很“稚气和愚拙”，但正是因为自己坦坦白白的心迹流露，才得到了广大青年读者的喜爱。说这些话的潜台词，大约是告诉那位“朱光潸”，做人应该“坦坦白白”“老老实实”。

信写完后，朱光潜写了一个很有意思的落款——“几乎和你同姓同名的朋友”。这封信最后当然无法寄给那位“朱光潸”先生，只好送往《申报》发表了。

（文章有删改，作者夏明亮，选自《人民政协报》2018年6月7日）

乌篷船

◎周作人

《乌篷船》是周作人（1885—1967）写于1926年的一篇书信体散文，语言质朴自然，体现了他散文平和恬淡的艺术风格。

我所要告诉你的，并不是那里的风土人情，那是写不尽的，但是你到那里一看也就会明白的，不必啰唆地多讲。我要说的是一种很有趣的东西，这便是船。你在家乡平常总坐人力车、电车，或是汽车，但在我的故乡那里这些都没有，除了在城内或山上是用轿子以外，普通代步都是用船。船有两种，普通坐的都是“乌篷船”，白篷的大抵作航船用，坐夜航船到西陵去也有特别的风趣，但是你总不便坐，所以我也就可以不说了。乌篷船大的为“四明瓦”，小的为脚划船，亦称小船。但是最适用的还是在这中间的“三道”，亦即三明瓦。篷是半圆形的，用竹片编成，中夹竹箬，上涂黑油；在两扇“定篷”之间放着一扇遮阳，也是半圆的，木作格子，嵌着一片片的小鱼鳞，径约一寸，颇有点透明，略似玻璃而坚韧耐用，这就称为明瓦。三明瓦者，谓其中舱有两道，后舱有一道明瓦也。船尾用橹，大抵两支，船首有竹篙，用以定船。船头着眉目，状如老虎，但似在微笑，颇滑稽而不可怕，唯白篷船则无之。三道船篷之高大约可以使你直立，舱宽可以放下一顶方桌，四个人坐着打麻将——这个恐怕你也已学会了吧？小船则真是一叶扁舟，你坐在船底席上，篷顶离你的头有两三寸，你的两手可以搁在左右的舷上，还把手都露出在外边。在这种船里仿佛是在水面上坐，靠近田岸去时泥土便和你的眼鼻接近，而且遇着风浪，或是坐得少不小心，就会船底朝天，发生危险，但是也颇有趣味，是水乡的一种特色。不过你总可以不必去坐，最好还是坐那三道船吧。

你如坐船出去，可是不能像坐电车那样性

急，立刻盼望走到。倘若出城，走三四十里路（我们那里的里程是很短，一里才及英里三分之一），来回总要预备一天。你坐在船上，应该是游山的态度，看看四周物色，随处可见的山，岸旁的乌桕，河边的红蓼和白苹，渔舍，各式各样的桥，困倦的时候睡在舱中拿出随笔来看，或者冲一碗清茶喝喝。偏门外的鉴湖一带，贺家池，壶觞左近，我都是喜欢的，或者往娄公埠骑驴去游兰亭（但我劝你还是步行，骑驴或者于你不很相宜），到得暮色苍然的时候进城上都挂着薜荔的东门来，倒是颇有趣味的事。倘若路上不平静，你往杭州去时可于下午开船，黄昏时候的景色正最好看，只可惜这一带地方的名字我都忘记了。夜间睡在舱中，听水声橹声，来往船只的招呼声，以及乡间的犬吠鸡鸣，也都很有意思。雇一只船到乡下去看庙戏，可以了解中国旧戏的真趣味，而且在船上行动自如，要看就看，要睡就睡，要喝酒就喝酒，我觉得也可以算是理想的行乐法。只可惜讲维新以来这些演剧与迎会都已禁止，中产阶级的低能人别在“布业会馆”等处建起“海式”的戏场来，请大家买票看上海的猫儿戏。这些地方你千万不要去。——你到我那故乡，恐怕没有一个人认得，我又因为在教书不能陪你去玩，坐夜船，谈闲天，实在抱歉而且惆怅。

（文章有删节，选自《周作人散文选集》，百花文艺出版社，2009年6月）

蕙的风

◎ 汪静之

汪静之（1902—1996），安徽绩溪人，20世纪20年代湖畔诗社的创始人之一。《蕙的风》是一首抒情诗，抒写了诗人思念心上人却不能见面的惆怅。

是哪里吹来
这蕙花的风——
温馨的蕙花的风？

蕙花深锁在园里，

伊满怀着幽怨。
伊的幽香潜出园外，
去招伊所爱的蝶儿。

雅洁的蝶儿，
熏在蕙风里：
他陶醉了，
想去寻着伊呢。

他怎寻得到被禁锢的伊呢？
他只迷在伊的风里，
隐忍着这悲惨然而甜蜜的伤心，
醺醺地翩翩地飞着。

（选自《湖畔社诗精编》，长江文艺出版社，2014年12月）

《今文》编选：王玉

论热情

◎［法］伏尔泰
余兴立 吴萍　译

伏尔泰（1694—1778），法国启蒙思想家、文学家、哲学家。选文探讨了诗人的文学创作，伏尔泰认为，诗人在创作时，必须处理好热情与理性之间的关系，即要将热情置于理性的控制和保护之下。

这个希腊词意为五脏六腑的不安，内心的激动。希腊人发明这个词，是不是为了表达人深深地被感动时神经所感受到的震惊、肠子的膨胀和绷紧、心脏的激烈收缩，以及五脏六腑的不安和激荡起伏，也就是说那种回肠荡气的激烈情绪？

或者说，热情这个意为五脏六腑不安的词是首先表示皮西亚挛缩吗？他站在特尔斐城的青铜三脚祭炉上，通过似乎制造出来为容纳万物的躯壳接受了阿波罗的灵魂。

我们对热情的理解是什么？我们感情的细微差别是如此之多！赞美、感觉、感知、悲伤、震惊、情欲、狂乱、疯狂、暴怒、狂怒：这些是一个可怜的人类灵魂所能经历的全部状态。

一个几何学家观看一场动人的悲剧，他只看到此剧的结构很好。他边上的一个年轻人深受感动，但什么也看不见。一个妇女在哭泣。另一个年轻人感动得不能自制，不幸的是：他也决定写一部悲剧，因为他已经染上了热情的疾病。

古罗马军团的百人队队长或军事护民官只把战争看作是可以赚一笔钱的生意，他们镇静地走向战场，就像建筑工爬上屋顶；当恺撒看见亚历山大的塑像时，他哭了。

奥维德对于爱情的见解很有趣。萨福表达了这种情欲的热情方式：如果热情确实使她付出了生命的代价，那是因为在她这种情况下，热情已经变成了疯狂。

理智和热情相结合是罕见的。理智总是实事

求是地看待事物。醉汉看见物体增大一倍时，就表明他已失去了理智。热情就像酒：它能在血管中引起如此多的骚动，在神经中引起如此猛烈的颤动，结果理智被完全摧毁。理智只能引起轻微的震动，仅能在大脑中增加一些活力。这种情况发生在滔滔不绝、口若悬河的演说中，尤其是在崇高的诗情中。理智的热情是大诗人的特征，这种理智的热情使他们的艺术臻于完美。在过去，人们相信这些诗人是被诸神赐予灵感的，但对其他的艺术家则没有这样的评论。

理智怎么能控制感情呢？这是因为诗人首先勾画出他作品的结构，这时理智控制他的行为。可是当他进一步要使他的人物充满活力，赋予他们激情时，想象的火花燃烧起来了，热情控制了他，就像一匹赛马不顾一切地往前冲，但它的路线是早就合适地安排好了的。

（文章有删节，选自《睿智与偏见——伏尔泰随笔集》，三联书店上海分店，1990年12月）

千秋评说

和自己的心进行斗争是很难堪的，但这种胜利标志着这是深思熟虑的人。（[古希腊]德谟克利特）

有福的是感情和理智相称的一种人，他们并不做命运所吹弄的笛子，随她的手指唱调子。（[英]莎士比亚）

自主的人能够认识并且善于确定自己的目标，不仅能够成功地控制外部环境，而且能够控制自己的冲动。（[苏联]科恩）

今人一得

用理性规约热情

◎ 王旭峰

人类的感情多种多样，有痛苦、悲伤、欢乐、疯狂、愤怒等等。但是热情却是和这些具体感情都不一样的。在伏尔泰看来，热情的范围更广，更具有本质性。痛苦、悲伤、欢乐、疯狂、愤怒，这些具体情感可能都只是表现着热情，并受到某种热情的支配。

热情和艺术密切相关。一个几何学家只能看到一场精彩悲剧的结构，但是一个有热情的年轻人，虽然什么结构也没看到，却可以因有热情而受到感动，他甚至会在这种热情的激励下，自己试着去创作一部悲剧。古罗马军团的队长或护民官“只把战争看作是可以赚一笔钱的生意”，而“当恺撒看见亚历山大的塑像时，他哭了”。这正是因为恺撒有热情，恺撒懂得战争不仅仅是赚钱，还有更崇高的意义。

热情，是人类天性中的一种重要因素，是艺术的源泉。热情自然是重要的，没有热情我们的生活将索然无味，我们的世界将寸步无法前进。但是，在伏尔泰看来，热情也是有破坏性的。任激情肆虐，并不值得赞扬。赞美可能变成盲目的个人崇拜，悲伤可能成为你心灵忧郁的毒药，情欲可能让你狂躁不安，愤怒则让你分不清是非善恶。如果走向反面，热情就将成为人类的疾病。

那么，我们应该如何正确对待热情呢？伏尔泰认为，理性乃是医治热情负面作用的良药。在艺术创作中，诗人预先勾画出作品的结构，让创作的激情顺流而下；在日常生活中，理性则将我们激情的洪流，引向万亩良田，让它成为促动我们前进的动力。真正的智者，是善用理性来规约激情的人。

（标题为编者所拟，文章有删节，选自《外国散文鉴赏辞典》（古近代卷），上海辞书出版社，2010年4月）

多读一点

伏尔泰改编《赵氏孤儿》

伏尔泰对中国的思想文化有着深挚的爱好，对中国的政治和教育思想有较深的研究，他曾经认真阅读过译出的儒家经典，认为儒家的学说符合人文主义的精神，孔夫子只诉诸道德，而不宣扬神迹，很值得西方人借鉴。他把中国的哲学和伦理道德作为启蒙运动的有力武器。除了在《风俗论》中宣扬中国的传统道德，伏尔泰还创作了一部别具一格的悲剧《中国孤儿》，他还给其加上了一个含意深刻的副标题——“五幕孔子伦理学”。

这个剧本以我国元朝剧作家纪君祥所作的杂剧《赵氏孤儿》为蓝本。原作叙述的是春秋战国时期，晋国权臣屠岸贾残杀赵盾一家，并搜捕孤儿赵武，企图斩草除根。可是，赵家门客程婴与公孙杵臼设计救出赵武，由程婴抚养成人，最后报仇雪冤。伏尔泰按照古典主义的三一律原则，把该剧时间跨度由二十多年缩短为一昼夜，删除了原作中的弄权、作难、搜孤、除奸、报仇等情节，加上一些爱情穿插，改编成了一部标准的古典主义悲剧。《赵氏孤儿》传入法国约在1732年至1733年间，这是传入法国的第一个中国剧目，就18世纪的整个欧洲来说，它也是独一无二的。伏尔泰最先从巴黎的《法兰西信使报》上看到相关剧情介绍，后来他又在法文对折本的《中国通志》里读到《赵氏孤儿》的译文。伏尔泰当时就被这个具有浓郁中国民族风格的戏剧吸引了，他决定将它改编成新剧目。

1755年8月，《中国孤儿》在枫丹白露首次公演，获得了广泛的好评。虽然伏尔泰对中国的戏剧艺术传统理解不深，只能按照欧洲的古典主义法则来衡量与改造中国艺术；但是，他敢于大胆地把中国的历史故事搬上法国舞台，这在中法文化交流史上，无疑是前所未有的一项创举。剧本改编的成功，不仅给伏尔泰带来了极大的声誉，而且也激发了英、法等欧洲国家的知识分子对中国的思想文化、文学艺术的兴趣。大批欧洲耶稣会传教士来到中国，他们除传教布道之外，还广泛研究和了解中国思想、文化、政治制度和社会风貌，他们利用自己的书信和翻译的中国作品，向欧洲人展示了一幅陌生而富有魅力的画卷，为他们打开了了解中国的窗口。

（标题为编者所拟，作者邓玉函，文章有删节，选自《伏尔泰》，陕西师范大学出版总社有限公司，2017年1月）

钵扎[1]小贩

◎［土］奥尔罕·帕慕克

陈竹冰　译

奥尔罕·帕慕克（1952—　），小说家，土耳其文学巨擘。2006年获诺贝尔文学奖。《钵扎小贩》节选自其小说《我脑袋里的怪东西》，小说以1969—2012年间伊斯坦布尔的发展变迁为背景，讲述了以钵扎小贩麦夫鲁特为代表的外来底层务工者的奋斗史。

用篮子购物是属于旧时的一种方式，那时公寓楼里还没有电梯和电动门控，伊斯坦布尔也没有许多高于六层的建筑。在麦夫鲁特刚开始跟着父亲当街头小贩的日子里，也就是1969年的光景，不单单是晚上买钵扎、白天买酸奶，就连那些不愿意下楼、让杂货店伙计帮忙买东西的家庭主妇，都会以这种方式购物。他们把一个小铃铛拴在草篮的下面，这既可以让杂货店知道那些还没有电话的人家需要买东西，也可以让街头小贩发现楼上的顾客。当酸奶和钵扎被稳妥地放进草篮后，小贩便摇响草篮下的铃铛。麦夫鲁特总是享受地看着草篮被拽着渐渐升高。有时，篮子会在风中来回摇摆，刮碰到窗户、树杈、电线、电话线、楼间的晾衣绳，篮子下面就发出和谐悦耳的铃铛声。一些老顾客，会在草篮里放上赊账本，麦夫鲁特就在拉绳示意之前，在本子上记下那天赊了几公斤酸奶。文盲父亲在儿子还没来帮他之前，会在本子上画线条来记账（一根竖线代表一公斤，半根竖线则是半公斤），麦夫鲁特的父亲很骄傲地看着儿子在账本上写数字，或者为一些顾客做记录（带奶油的，星期一至星期五）。

但这些都是久远的记忆了。在这二十五年里，伊斯坦布尔发生了太多的变化，以至于这些最初的记忆，对于现在的麦夫鲁特来说仿佛神话一般。他刚来伊斯坦布尔时，城里几乎所有街道都是鹅卵石路面，而现在已全是柏油路了。那时城里绝大多数的房子都是带花园的三层洋房，而现在它们的大部分已被拆除，取而代之的是高层公寓楼，住在顶层的人们也已无法听见小贩的沿街叫卖了。收音机被电视机取代了，钵扎小贩的叫卖声也被淹没在彻夜不休的电视噪声里。街上穿着灰蒙蒙衣服的沉默和沮丧的人们离开了，取而代之的是一群聒噪、活跃、自负的人。每天都经历着其中的一点点变化，因此麦夫鲁特没有明显地发现这些巨变的程度，也没像某些人那样，因为伊斯坦布尔的变化而感到一丝悲哀。但他一直想去适应这些巨变，总是选择去那些受欢迎、被喜爱的街区。

二十五年里的每个冬季，每晚八点半左右，电视里的晚间新闻结束时，他开始在位于塔尔拉巴什的出租屋里做出发前的准备。他穿上妻子为他织的咖啡色毛衣，戴上羊毛帽子，围上打动顾客的蓝色围裙，罐子里已装满妻子或女儿们加了糖和特殊香料调好味的钵扎，他拿起罐子掂一下，（有时会说：“你们放少了，今晚很冷。”）穿上黑色外衣和家人告别。

以前他会对两个年幼的女儿说：“别等我，你们先睡。”现在，见她们在看电视，有时他只说一句："我不会太晚回来。"

出门后的第一件事，就是把两个装满钵扎的塑料罐连同挂钩一起绑到扁担的两头，把那根用了二十五年的橡木扁担放到肩膀靠脖后的位置，像一个战士上战场之前最后看一眼是否带了子弹那样，检查一下腰带和外衣内袋里是否放好了装着鹰嘴豆和肉桂粉的小袋子（有时是他妻子，有时是他的两个着急的女儿，有时是麦夫鲁特自己，往手指大小的塑料袋里放鹰嘴豆和肉桂粉），然后开始他那永无止境的沿街叫卖。

"最好的钵扎……"

（标题为编者所拟，文章有删节，选自《我脑袋里的怪东西》，上海人民出版社，2016年1月）

---

[1] 钵扎是一种由小米发酵制成的土耳其传统饮料，这种浓稠的饮料气味香郁，呈深黄色，微含酒精。

千秋评说

除了变化，没有什么是永恒的。（[古希腊]赫拉克利特）

古老的、现存的和持续下来的事物跟发展、改进和革新之间的冲突从来都是相同的。每一种秩序最终都会归于陈腐，而人们为了消除后者却毁灭了前者；这样过了一阵子之后，人们认识到必须重新建立秩序。（[德]歌德）

人生并不像火车要通过每个站似的经过每一个生活阶段。人生总是一直向前行进，从不留下什么。（[美]刘易斯）

今人一得

帕慕克笔下的城市时光走廊

◎ 胡艳丽

《我脑袋里的怪东西》中很多镜像很适合

用黑白相机一一拍照，串联成一条长长的、缓缓的时光走廊，从鹅卵石的路面到柏油马路，从低矮的房屋渐变到高层公寓楼，从光秃秃的山头到雨后春笋般长出的房屋，曾经的沿街叫卖声、曾经的传统手工艺渐渐退出了城市，一个个新兴的行当时尚、简洁、光影迷离。四十余年的城市生活，使麦夫鲁特的命运早已与伊斯坦布尔这座城市融为一体，但可悲的是，他永远也无法到达这个社会的核心。在一座遍地是机会的城市里，勤劳、隐忍、坚持，其实未必能给人带来好运气，但懦弱、胆小、缺乏主见、没有谋划，一定会成为致富的绊脚石。

面对纷繁变化的世界，麦夫鲁特有太多不明白的事情。他不明白为何同为农村出来闯世界的人，会因为各种原因彼此械斗；不明白在政治动荡中，左派和右派所谓何来；不明白那些发家致富的人如何一步步享有物质丰富的生活。他真正明白的便是钵扎这种传统饮料，正在逐渐被这个世界遗忘，它被各种新型酒水、饮料代替。在越来越高的城市楼宇、越来越逼仄的生活环境中，它终会淹没在城市的纷繁万象里，泯灭于人们的记忆当中。

一座城市的变迁史实际是无数个人命运变迁的合集，在城市的大变迁中也必然裹挟着无数小人物命运的起伏跌宕。帕慕克笔下的伊斯坦布尔，会令中国的读者有似曾相识的感觉。在中国近几十年飞速发展的过程中，无数城市上演了类似伊斯坦布尔的故事，来自农村的迁移者游走在城市的边缘，他们有缘见证城市的变迁，但并非每一个人都有机会融入社会发展的洪流。社会资源的不公平、世俗的偏见，让他们饱尝了社会的悲辛，也帮助他们生出了与这个世界或抗衡或和解的智慧，当然更多的时候，他们都在抗衡与和解之间犹疑徘徊。在本书的结尾，城市发展繁荣兴旺，而读者分明感受到的是一种人心的凋敝，夜晚，在无数的高楼和灯火闪烁的窗户之下，其实是迷路的人在寻找爱，寻找温暖，寻找逝去的时光。

（文章有删节，选自《慢饮时光》，花城出版社，2017年4月）

游戏——人的延伸

◎［加］马歇尔·麦克卢汉

何道宽　译

马歇尔·麦克卢汉（1911—1980），传播学理论家，媒介环境学的开山鼻祖，被誉为信息社会、电子世界的“先驱”。“媒介”“地球村”“信息时代”等概念，就是他首次提出的。

游戏是大众艺术，是集体和社会对任何一种文化的主要趋势和运转机制做出的反应。和制度一样，游戏是社会人和政体的延伸，正如技术是动物有机体的延伸一样。游戏和技术都是抗刺激的媒介，或者是适应专门化行动压力的方式，任何社会群体中都必然出现专门化的行动。游戏是对日常压力的大众反应的延伸，因而成为一种文化准确可靠的模式。它们把整个人口的行动和反应熔为一炉，使之成为一个动态的形象。

游戏是我们心灵生活的戏剧性模式，给各种紧张情绪提供发泄的机会。它们是集体的通俗艺术形式，具有严格的程式。古代社会和无文字社会自然把游戏看作是活生生的宇宙戏剧模式。希腊的奥林匹克运动会就是直接扮演这种竞赛的游戏，或者说直接扮演太阳神争斗的游戏。竞技者绕圆形跑道奔跑时，头上扎着黄带，模仿太阳神驾车一日一周所经过的圆形黄道带。由于游戏和娱乐是宇宙性争斗的戏剧演出形式，观众的角色显然是带有宗教色彩的。参与这些仪式使宇宙保持在正确的轨道上，同时又给部落提供一种推进力。部落或城市是这种宇宙的模糊的摹本，游戏、舞蹈和图像同样是宇宙的摹本。艺术成为神奇游戏和仪式的文明替代品，正是非部落化走过的历程，非部落化的过程是与文字同时来临的。和游戏一样，艺术成为身心完全介入的、古老魔力的模拟回声，同时也是超乎这种魔力的一种解脱。

晚近出现的游戏，比如受欢迎的棒球、橄榄球和冰球，具有广泛的魅力，它们被视为内在心理生活的外在模式，是可以理解的。作为模式来说，它们是内在生活的集体戏剧化模式，而不是个体戏剧化模式。正如我们的口语一样，一切游戏都是人际交际的媒介，除非成为我们内心生活的延伸，否则它们既不能生存，也没有意义。如果我们手握一把网球拍或十三张牌，那就是同意在一个人为构想的环境中成为一个动态机制的一部分。我们之所以最喜欢那些模拟自己工作和社会生活情景的游戏，难道不是由于这个原因吗？

一个民族的游戏揭示了有关该民族的许多情况。游戏是像迪士尼乐园一般的人为天堂，或者是一种乌托邦似的幻景，我们借助这种幻景去阐释和补足日常生活的意义。

正如任何信息媒介一样，任何游戏都是个人或群体的延伸。它对群体或个人的影响，是使群体或个人尚未如此延伸的部分实现重构。一件艺术品，除了它对观赏者产生的影响之外，别无什么存在或功能。与游戏或大众艺术、传播媒介一样，艺术能使人的社群形成新的关系和姿态，它有力量借此将自己的假设强加于人。

（文章有删节，选自《理解媒介：论人的延伸》，商务印书馆，2000年10月）

千秋评说

人是一种使用工具的动物。到处可以见到他在使用工具，没有工具他一筹莫展，有了工具他无所不能。（[英]托马斯·卡莱尔）

个体是社会存在物。因此，他的生命表现，即使不采取共同的、同他人一起完成的生命表现这种直接形式，也是社会生活的表现和确证。（[德]马克思）

未来的活动家首先是在游戏中培养起来的。（[苏联]马卡连柯）

游戏改变世界

◎［美］麦戈尼格尔
闫佳　译

人类第一部讲述游戏的历史书是希罗多德的《历史》，可以追溯到3000多年前。尽管已知最古老的游戏是古代计数游戏《宝石棋》，但在希罗多德以前，从来没有人想过要记录这些游戏的起源或文化作用。从他的文字中，我们可以了解今天正在发生的以及未来很可能会出现的情况。

在《历史》中，希罗多德写道："大约3000年前，阿提斯在小亚细亚的吕底亚为王，有一年，全国范围内出现了大饥荒。起初，人们毫无怨言地接受命运，希望丰年很快回来。然而局面并未好转，于是吕底亚人发明了一种奇怪的补救办法来解决饥馑问题。计划是这样的：他们先用一整天来玩游戏，只是为了感觉不到对食物的渴求……接下来的一天，他们吃东西，克制玩游戏。依靠这一做法，他们一熬就是18年，其间发明了骰子、抓子儿、球以及其他所有常见游戏。”

希罗多德发明了我们现在所知的“历史学”，他说研究历史的目的是通过经验数据来揭示道德问题和道德真理。不管希罗多德笔下通过游戏熬过18年饥荒的故事是真是假，但它蕴含的道德真理揭示了游戏的部分重要本质。

我们常常以为全身心地投入游戏是“逃避现实”，即被动地撤离现实。但通过希罗多德的历史镜头我们可以看到，游戏也可以是有目的的逃脱、经过深思熟虑的主动逃离，更重要的一点在于，它是极为有益的逃生。对吕底亚人而言，全天候地展开集体游戏，成了一种高度适应困难条件的行为。游戏把生活变得可以承受，它让饥饿的人群在无力的环境下生出了力量感，在混乱的环境下生出了秩序感；让他们能够忍受本来完全不足以为生、不适合居住的环境。

别搞错了，我们跟古代吕底亚人没有什么不同。今天，巨大而原始的“饥渴感”正折磨着我们中的许多人，但它不是对食物的渴求，而是对更多、更好地投入到周围世界的渴求。和古代吕底亚人一样，很多玩家已经想出该怎样利用玩耍的沉迷力量摆脱饥渴感：对更满意的工作的饥渴、对强烈族群感的饥渴以及对更有意义的人生的饥渴。

（标题为编者所拟，文章有删节，选自《游戏改变世界：游戏化如何让现实变得更美好》，浙江人民出版社，2012年9月）

多得一点

麦克卢汉的洞见

麦克卢汉说：媒介即讯息。

这句格言般的论断是他最知名也是最具争议的思想。褒之者认为它体现着麦克卢汉天才般的洞察力，贬之者认为它是缺乏逻辑论证的胡言乱语。对这句话的不同理解几乎造成了解读麦克卢汉者之间的最大差异。

在麦克卢汉以前，传播学家大多把媒介看作给我们带来信息的介质，如收音机、电视和报纸。但在麦克卢汉的定义里，任何一种技术，只要它是人类身体、思想、存在的任何延伸，它就是媒介。因此，衣服是皮肤的延伸，摄影机是人眼的延伸，车辆是人腿的延伸，而电脑，当然就是人的中枢神经系统的延伸了。麦克卢汉认为这些事物都是媒介："所有的媒介都是人的某种心理和肉体能力的延伸。"

麦克卢汉认为媒介的这种延伸是人"器官、感官或曰功能的强化和放大"。然而，对于人类通过媒介不断扩张的能力，人自身却浑然不觉。这就是媒介力量最可怕的地方。

和媒介的概念一样，麦克卢汉笔下的"讯息"也被赋予了一个全新的定义。人们常用的"讯息"一词基本等同于"内容"或"信息"。麦克卢汉认为对"讯息"的这些理解对于把握"讯息"的本质特点是远远不够的，因为我们忽视了媒介讯息最重要的特点之一：它们有力量改变社会进程和人类的关系与行为。

他认为电灯是一个很宝贵的例子，因为人们都知道电灯是不携带讯息的，可是我们却没有意识到电灯本身就是讯息。

孤独的灯伫立在夜空，它没有传播任何信息。但当人们习惯性地拧亮它时，人们可能意识不到，人类社会的关系已经被它重塑了。电灯发出的虚拟光使自然的时间法则不复存在，过去在黑暗中无法进行的活动得以进行。人们既可以在夜间工作直至天明，也可以天不亮就起来工作，日出而作、日落而息的生活规则从此被打破。电灯光还改变了时间和空间的关系，重塑了人们公共生活和私人生活之间的结构。只要想想人们在夜间为了某场足球比赛聚集在体育馆里、酒吧里狂欢呐喊的热闹场面，我们就会明白麦克卢汉所说的意思。在没有电灯以前，夜间的公共生活几乎是不能想象的。所以，电灯这种人眼的延伸，为人类生活带来了新的尺度，它重构了社会关系和观念。电灯这种媒介就是讯息。

（标题为编者所拟，作者石义彬，文章有删节，选自《批判视野下的西方传播思想》，商务印书馆，2014年8月）

塞尔文峰

◎［法］泰奥菲尔·戈蒂耶
赵坚　译

泰奥菲尔·戈蒂耶（1811—1872），唯美主义诗人、散文家。

尽管白天已经非常疲劳，可是总提心吊胆怕赶不上壮丽辉煌的日出，我们一夜睡得颇不安稳，并且早早地就下了床。

月亮还悬挂在塞尔文峰旁边，如同一个巨人手中的盾牌。但天空的颜色已不是刚才的样子，淡蓝之中出现了渐渐扩展的乳白，犹如一杯水中滴进了几滴汽油。笼罩在深渊之上的黑暗已经消失，透过冰冷的蓝色透明的暗影，晶莹的冰川，昏暗的杉树林，高低不平的岩石和错落有致的山谷，清晰可见。低处飘荡着几片薄雾，如同断裂的轻纱和被风吹散的棉絮。连绵不断的山峰在天边勾画出一条奇特的、犬牙交错的曲线，把我们置身的高原围在中间，随着时间的推移，这条曲线变得柔和起来。影影绰绰的光线渗透出来，改变了悬崖峭壁上那阴森可怖的面貌。黑暗中的沟壑渐渐呈现出青色。大自然仿佛在等待，在悄无声息地等待，似乎一位大师的交响乐即将响起序曲的第一音符。

终于，东方出现了一道金色发红的光辉，照在一片翻滚的云彩之上，无数云朵如同波浪起伏的海水，泛着泡沫，滚向远方高山的山顶。几分钟之后，在云朵的下方，涌起跳动的麇集在一起的火红的鳞片，一座山峰之上露出圆盘弧状的一角，塞尔文远处的高峰立刻被染上一抹轻柔的玫瑰红，仿佛那儿有一个我们目不能见的窥视者，正在告诉我们太阳已经升起。这种只有天上才有的粉红，使最鲜艳的花朵和女人的脸庞黯然失色，如同一只闪动着光辉的蝴蝶轻轻地落到了高山的额头上，其妩媚和美丽，是任何人类语言也难以描摹的，只可略想，当爱神厄洛斯第一次吻普绪喀时，那羞红了脸的少女大约就是这副样子。太阳渐渐升高，而多彩多姿的光辉则向下延伸，照亮了巨人般山峰的一半。此时，金光和玫瑰色的光线混合在一起，所有的山顶都亮了起来，仿佛构成一个三脚架，支撑一个雄伟巨大的殿堂，并且以大自然所特有的神秘仪式，同声歌唱，迎接初升的朝阳。

很快地，我们周围的一切都已清晰可见了。不断向下延伸的阳光，如同流水，直泻在山坡上，道道金光与道道银光交织在一起，使积雪冰川暖意融融，使排排黑压压的杉树林金光闪烁，使大自然醒而复苏，使世界从黑暗中获得解放。太阳升起在洁净的天空上，月亮仿佛还不愿意立刻被取而代之，它们如同一对兄妹对望着。这是一对不能常见的兄妹，一个苍白而微蓝，一个金黄而火红，一个是黑夜的王后，一个是白日的主宰。这两个金黄和银白的圆盘分别高悬于天空的两侧，一个是黑夜的明灯，一个是白日的火炬，它们一起在晨光中闪烁，产生出一种最为神奇的景象。

（文章有删节，选自《永恒的海》，百花文艺出版社，2014年1月）

油漆

◎ [斯洛文]托马斯 · 萨拉蒙

高兴　译

托马斯 · 萨拉蒙（1941—2014），斯洛文尼亚诗人。他的诗歌自由不羁，热情奔放，想象丰沛，常通过事物的解构与重塑来审视现实社会的意义。

命运滚过我的身子。时而，如蛋。时而，
伸出爪子，将我扔进山坡。我大叫。
我抗拒。我保证交出所有赌金。我不该
如此。命运会扼杀我。此刻，我已有所感觉。

假如命运不惩处我们的灵魂，我们立刻
就会冻僵。我度过一段又一段日子，唯恐
太阳不再升起。唯恐末日就要来临。
我感到光正从我手中溜走。而假如我

兜里没有足够的硬币，假如梅特卡的
声音不够甜美，不够温柔、纯正和
真实，我的灵魂迟早都将逃离我的

肉身。你得善待死亡。家是

我们出生之地。湿漉漉的饺子包藏一切。

我们只活一刹那。直至油漆干透。

（选自《读：爱》，江苏凤凰文艺出版社，2018年1月）

读典

结草：比喻感恩报德，至死不忘。出自《左传·宣公十五年》："及辅氏之役，颗见老人结草以亢杜回。"三国李密《陈情表》有云："臣生当陨首，死当结草。"

《译苑》编选：朱维　宁宝剑

古人防疫

据邓拓在《中国救荒史》中不完全统计，从周代到清朝共发生疫灾238次，疫情最严重、死亡人数最多的是发生于金朝开兴元年（1232）的“汴京大疫”，50天时间，“诸门出死者九十余万人，贫不能葬者不在其数”。

面对流行性传染病，古人怎样防控？

商周时期奉行的“先鬼后礼”制度一直影响到秦汉初期。西晋史学家司马彪的《续汉书志·第五·礼仪志》曰：“先腊一日，大傩，谓之逐疫。”

随着社会文明的发展进步，祖先们认识流行性传染病的能力不断提升，防疫措施逐渐科学化。

《黄帝内经·素问·刺法论》就认为：“五疫之至，皆相染易，无问大小，病状相似，不施救疗，如何可得不相移易者？”接着提出防止传染需要“避其毒气”，即避免与患者接触。

于是，严格的“隔离观察治疗”应运而生。《汉书·平帝纪》载，元始二年（2），旱蝗灾起，“民疾疫者，舍空邸第，为置医药”。就是说，西汉末王莽掌权时就创建了中国史上最早的传染病隔离医院。

到了魏晋南北朝，防控流行性传染病的“隔离”成为制度。

《晋书·王彪之传》谓：“永和末（约356），多疾疫。旧制，朝臣家有时疾，染易三人以上者，身虽无病，百日不得入宫。”萧齐时，太子长懋等人设立了专门的流行性传染病患者隔离机构——六疾馆，以隔离收治患病之人。

宋至清，阻止疫情传播的“隔离”措施更加“冷酷”，即便父子也不能接触。

南宋初曾任中书舍人的朱翌在笔记小说《猗觉寮杂记》中说：“江南病疫之家，往往至亲皆绝迹，不敢问疾，恐相染也。”

清代著名学者俞正燮的史料笔记《癸巳存

稿》载，为防止天花传播危及皇室，清初设有“查痘章京”一职，查得天花病人即“令其迁出四五十里以外”。顺治皇帝患天花而死，为确保年幼的康熙不被感染，太皇太后命保姆护视康熙于紫禁城外，不得进宫探望父皇……

除采取隔离措施外，古人也加强个人卫生管理。唐代《千金要方》有“常习不唾地”之说，李时珍《本草纲目》有“天行疫瘟，取初病人衣服，于甑上蒸过，则一家不染”之方，说明古人注重保持不随地吐痰和消毒防控等良好习惯。预防传染病戴口罩的历史相对晚一些，《马可·波罗行记》中“元制规定，向大汗献食者，皆用绢巾蒙口鼻，以防唾沫污染食品”的记载，表明中国人在元代便有使用口罩的习惯。在信息闭塞、医药匮乏的古代，隔离，戴口罩，勤洗澡、洗手、换衣等措施，对预防、阻止传染病发生和传播发挥了重要作用。

（标题为编者所拟，原题《古人防疫也“隔离”“戴口罩”》，作者赵柒斤，文章有删节，选自《人民日报》（海外版），2020年2月20日）

莎士比亚的七种肖像

世界文坛的巨人莎士比亚到底长什么样？由于当时没有照相术，外加莎士比亚出身平民，没有资料足以证明当时有人给他画过像，很遗憾，他没有为世人留下确切的肖像。这就成了世界之谜，导致后世流出各种号称莎士比亚形象的图片或塑像。

“聪明绝顶”的额头，炯炯有神的大眼睛，厚眼袋，八字胡，长脸；白色轮状皱领，宽肩托，束腰外衣，身体微微向右侧（有趣的是几乎所有的莎士比亚像都是向右侧的）；天庭饱满，神采奕奕，气宇轩昂：这是1623年《第一对开本》的卷首插图上的莎士比亚的铜版雕刻像。《第一对开本》是当今世界最权威的莎士比亚全集，是莎士比亚去世后由他的同事赫明斯和康德尔合编出版的。这幅卷首的莎士比亚肖像，某种程度上也成了最可信、最权威的像，由年轻的马丁·德鲁肖特所刻。

莎翁故居斯特拉特福镇上圣三一教堂里莎士比亚的半身塑像，是当时留下来的珍贵塑像。莎士比亚着深红色的皮衣，青色的皮马甲，白色领子，脸和身子微胖，下巴上一撮小胡子，和其他画像里的络腮胡子不一样。他一手拿鹅毛笔，一手拿纸，垫纸软垫的颜色也是上青下红，与衣服马甲颜色完全一致，搭配很和谐。他似乎文思如泉涌，正洋洋洒洒抒写着美丽的诗行。塑像把作为诗人、剧作家的莎士比亚的特点凸显了出来。

因圣三一教堂葬着莎士比亚，这一塑像应是莎翁逝世后不久塑的，约翰·多佛·维尔逊说它肯定早于1623年，它直接以在世或去世后的莎士比亚的面具为模特儿。与德鲁肖特所刻不同，这个莎士比亚塑像头小身子大，有点微胖。大概因为感觉它“栩栩如生”，美国的福尔杰莎士比亚图书馆的正中央，就原封不动地拷贝了该塑像。它与《第一对开本》里的肖像，都是目前公认的莎士比亚权威肖像。

另有两幅画像展现的是漂亮的莎士比亚。一

幅是托马斯·欧文布雷爵士所作，另一幅诞生于考伯笔下，两幅像非常相像，而且是衣饰最华丽的莎士比亚像。画像主人公年轻秀丽，白色蕾丝边领子，深色带花纹的束腰外衣，瓜子脸，虽说额头有点高，但白皙的皮肤，红润的脸蛋，不逊色于莎士比亚在十四行诗中所赞美的美男子。如此英俊的男人，一定浪漫富有情趣。据说考伯的莎士比亚像画于1610年，英国最权威的莎士比亚研究专家斯坦利·韦尔斯认为，此画该是莎士比亚46岁时的肖像。

钱多斯收藏的莎士比亚画像里，莎士比亚是中年发福的样子，衣服朴素，白领黑衣，络腮胡，一只耳朵上还戴着耳环（其他画像都没有这个配饰），因为身子偏向右侧，不知道另一只耳朵是否戴耳环。与其说画像上的他像诗人，不如说像商人。据说莎士比亚颇有经商头脑，赚了很多钱，还在故乡购置了豪宅。这幅画像被认为是约翰·泰勒的作品，作于1610年左右，现存于伦敦国家美术馆。

加拿大人山德士收藏的莎士比亚画像上，主

人公比较年轻，画像背后标记是“39岁”。宽领子，条纹衣，脸有点不成比例，长相一般，胡子稀少。整个形象缺乏神气，眼神没有穿透力。这幅画作于1603年，1919年随山德士家族“移居”加拿大。

格拉夫顿所收藏的画像上标着“1588年”，当时莎士比亚24岁，这是现在看得到的唯一一幅红衣褐领、色彩亮丽的画像。尖尖的下巴，秀丽的嘴，大眼睛，比山德士所收藏的要漂亮很多。

当然，还有许多传说中的莎士比亚像，但可信性、知名度远不如这七种。一个人一生不会只是一个模样，这七种画像展现了莎士比亚不同年龄段的样貌，雕塑家、收藏家们借此为人们提供了想象的蓝本，引得许多学者不遗余力探究画像之谜。

（作者张薇，文章有删改，选自《解放日报》2020年6月4日）

《文史撷英》编选：朱维 宁宝剑

《文明的冲突与世界秩序的重建》

随着冷战结束，国与国之间开始了新的协调和对抗模式，人们需要一个新的框架来理解世界政治。作为国际政治研究领域的知名学者，塞缪尔·亨廷顿为读者提供了一个新的视角——文明的角度，他认为，冷战后的世界，冲突的基本根源不再是意识形态，而是文化方面的差异，主宰全球的将是“文明的冲突”。

在冷战后的世界，文化既是分裂的力量，又是统一的力量。人民被意识形态所分离，却又被文化统一在一起，如两个德国所经历的那样，也如朝鲜和韩国正在经历的那样。社会被意识形态或历史环境统一在一起，却又被文明所分裂，它们或者像苏联、南斯拉夫那样分裂开来，或者像乌克兰、尼日利亚、苏丹、印度、斯里兰卡和许多其他国家的情况那样，陷于激烈的紧张状态。具有文化亲缘关系的国家在经济上和政治上相互合作。建立在具有文化共同性的国家基础之上的国际组织，如欧洲联盟，远比那些试图超越文化的国际组织成功。在45年里，“铁幕”是欧洲的主要分裂线。这条线已东移了几百英里。现在，它是一条一方面把西方基督教民族分离于穆斯林，另一方面把它分离于东正教的界线。

哲学假定、基本价值、社会关系、习俗以及全面的生活观在各文明之间有重大的差异。遍及世界大部分地区的宗教复兴正在加强这些文化差异。文化可以改变，它们的性质对政治和经济的影响可能随时期的不同而不同。但是，文明之间在政治和经济发展方面的重大差异显然植根于它们不同的文化之中。东亚经济的成功有其东亚文化的根源，正如在取得稳定的民主政治制度方面，东亚社会所遇到的困难有其文化根源一样。

西方是而且在未来的若干年里仍将是最强大的文明。然而，它的权力相对于其他文明正在减弱。当西方试图伸张它的价值并保护它的利益时，非西方社会正面临着一个选择。其中一些试图竭力仿效和加入西方，或者“搭车”；其他儒教社会和伊斯兰社会则试图扩大自己的经济和军事力量以抵制和“用均势来平衡”西方。因此，冷战后时代世界政治的一个主轴是西方的力量和文化与非西方的力量和文化的相互作用。

（摘自[美]塞缪尔·亨廷顿《文明的冲突与世界秩序的重建》，新华出版社）

《大国大城》

在本书中，上海交通大学中国发展研究院的陆铭教授以比较全球经验、解析本土现状、立足当下中国发展困境的论述方式，系统论证了发展大城市对个人、群体乃至国家的有益之处。

为什么大国梦如此迷人？

先从前现代经济讲起。古代的中国分分合合，最终还是走向统一，为什么呢？古代的皇帝无非想三件事情。第一件事情就是收税。《诗经·小雅》有云，“普天之下，莫非王土；率土之滨，莫非王臣”，基于这一观念，对皇帝而言，国家当然是越大越好了。第二件事情也非常重要，就是分散风险。同样一场地震，对于一个小国的打击可能是毁灭性的，而中国这样一个大国，却能够做到“一方有难，八方支援”；对于生活在都城的皇帝来说，修建连通首都和其他地方的道路和运河，很重要的功能就是保证皇城里的粮食供给不会受到个别地方自然灾害的影响。第三方面是安全。中国的“中原地带”以平原为主，没有什么特别难以逾越的自然屏障，因此，中国古代历朝，一旦分成若干小国，就战火不断，而一旦国家统一，则相对长治久安。同时，大国在提供国防、保护整个国家的安全方面也有规模经济效应——国家大了，人均军费支出就可以被摊薄。

这种大国具有的规模经济到了现代仍然

重要，甚至可以说是更为重要。比如说分散风险，在古代，不同地区的风险主要来自自然灾害，而在现代，技术、金融、政策、国际环境都可能成为经济风险的来源。最近有研究发现，大的经济体经济波动相对较小。中国古话说“东方不亮西方亮”，对于现代经济来说，还是一样的道理。

在现代经济里，经济结构以工业和服务业为主，这时，规模的重要性反而比前现代时期更强了。例如民用大飞机产业，初始的投入非常大，国内市场规模越大，生产的平均成本越低。如果要保证这个产业实现收支相平衡，就要有一个最低的国内市场规模，以此才能够基本覆盖制造这些飞机的成本。到目前为止，这个世界上只有三个地方有足够大的市场来满足发展大飞机产业所需要的规模，一个是美国，一个是欧洲，还有一个就是中国。

（摘自陆铭《大国大城》，上海人民出版社）

《汉字与中华文化十讲》

汉字书写了中华民族的历史，负载了光辉灿烂的中华文化。北京师范大学文学院王宁教授梳理了汉字的起源与发展，用清晰明快的笔触，向读者展现出汉字文化磅礴壮美的历史画卷。

面对这么多的动物，古人在造字的时候，既能够栩栩如生地展现它们的样态，又能够有所区别、不为混淆，这又是如何做到的呢？我们知道，文字和图画是不一样的，文字要在自身的符号体系中找到与其他文字形体的区别；古人对动物之间的区别特征的准确把握，足以让我们看到，那时候的人和动物的关系非常密切。我们看从“犬”的一些字反映出人与狗怎样的关系：

一方面，狗在古代多为猎犬，行动迅猛，速度很快。第一个“猝”字，《说文解字》说“犬从草暴出逐人也”，说的是狗在草丛中藏着，噌一下就蹿出来的样子，这也是成语“猝不及防”的含义。第二个字是“默”，沉默的“默”为什么从“犬”呢？《说文解字》有一个解释，“犬暂逐人也”，“暂”是快速的意思，狗飞快地追逐人，这是什么狗呢？这是护卫的狗，它要追赶、保护自己的主人。在主人跟前狗是不叫的，因此与“沉默”有关。下面的“突”的字义很相似，“犬从穴中暂出也”，猎狗在追逐猎物的时候，要迅速飞快地从洞中奔跑出来，也就是“突然”的意思。

一方面，狗从很早就在人们生活中担当起看门、看家的作用。下面的“狱”字，“狱”在今天指监狱，在古代是打官司的意思。打官司有原告、被告，要通过辩护来确定是非。和“狱”字有关的，还有“坐”字，也有诉讼的意思，古代有“连坐法”。“坐”是两个人对坐在土上，为什么要坐在土上？这是因为还不知道谁犯了罪，官司双方都不能坐在席垫上。《说文解字》解释“狱”字说，“二犬所以守也”，是用狗看着打官司的两个人，不让他们跑掉。而在“器”字中，四个口是器皿的圆口，“犬所以守之”，表示狗在看管器皿。最后，我们看“独”字。《说文解字》有一个十分形象的说解：“羊为群，犬为独也。”这是什么狗呢？是牧羊犬。大家如果见过放牧的话，就会知道，一定是一只狗管着一群羊。

总之，狗在人类生活中的作用很大，它可以帮助打猎，也可以做护卫来看守，还可以放牧，在这些从“犬”的字中，我们可以看到狗和人类生活的密切关联。

（摘自王宁《汉字与中华文化十讲》，生活·读书·新知三联书店）

《书香》编选：王玉

龙泉窑青瓷舟形砚滴 [1]

如今生活在钢筋混凝土丛林的大城市中的人们，越来越多地向往“青山绿水”的大自然。无论是山的青还是水的绿，对于今天的人或是古人来说，都是一种对美好生活、健康生活的追求。古代智慧的先民们以这种“山青”和“水绿”为目标，创造出了中国古代最早的成熟瓷器——青瓷。唐朝诗人陆龟蒙曾以“夺得千峰翠色来”的诗句来赞扬青瓷。然而，这时的“千峰翠色”，在某种程度上还只是诗人笔下的赞美之词，而从以龙泉青瓷为代表的宋代青瓷开始，人们才把“雨过天青云破处”这个数百年的理想变成了现实。

龙泉青瓷达到了青瓷质地与釉色之美的顶

峰，它莹润的质地如冰似玉，以粉青和梅子青为代表的釉色苍翠欲滴、韵味无穷，显示出我国古代青瓷工艺的最高水平。龙泉青瓷是人工制造的“昆山片玉”，是山川精华与人类智慧的完美结晶。在浙江省博物馆的镇馆之宝中就有一件有着独特造型美、杰出工艺美的龙泉窑精品，它就是元代龙泉青瓷舟形砚滴。

舟形砚滴，整件器物被制作成一艘惟妙惟肖的船的造型。作为砚滴，人们可以在船身中盛上水，并且可以很方便地将水倒入磨墨的砚台中为砚台加水，使其兼具艺术性和实用性。使用这样的文具，将会是一种格外别致的体验。

这件舟形砚滴在兼顾实用的同时，还充分考虑到了文人的审美，将器物制作得极富人文情趣，让人浮想联翩。

细细观察这艘瓷舟的造型，如果说中间的亭式船舱是为客人设计，可把酒迎风，赏两岸美景，亦可品茗手谈，密友秘会，那么船尾的设计，则是船工遮阳避雨的处所。一切设计都来自于南方江河湖泊中行驶的船只实物，惟妙惟肖。

而船上人物共有三个，两位客人在舱内，或言是一对男女在幽会，正窃窃私语，仔细看船工的装扮，身上的蓑衣以及正探身去取的笠帽让人不难想象当时细雨绵绵的景象。此情此景，配以器物的粉青色，营造出一派“春水碧于天，画船听雨眠”的迷人场景，想来船舱中的男女一定倍感温馨与浪漫。

船舱中的两人，也可想象为雅士相约，乃苏东坡夜游赤壁，山高月小，水落石出，波澜不惊，清风徐来，演绎的是一段脍炙人口的名人典故。船工的衣裙正飘向船尾，表明这时船泊江心，有微风从船头轻轻吹来，那是何等的良辰美景、赏心乐事！第一次夜游赤壁的苏东坡与共行的好友一边吟诗一边逗趣，有说有笑。不知不觉二人酒已过量，倒头就大睡起来。第二天，酒醒后的苏东坡回忆起昨晚的游趣，以记述的手法，赋的体裁，在微笑中完成了名篇《赤壁赋》。

可以说船体与人物的关系，是实与虚、具象与想象的关系，而且匠人将这种关系比例把握得恰到好处，让人在感叹精湛的瓷艺之余，有极强的情景感和代入感，让舟形砚滴在同时期的瓷塑作品中显得卓尔不群。

（标题为编者所拟，作者陈平，文章有删节，选自《浙江省博物馆镇馆之宝》，中国青年出版社，2016年1月）

[1]龙泉窑青瓷舟形砚滴是浙江省博物馆镇馆之宝。

读词牌名

卜算子：又名《百尺楼》《眉峰碧》《缺月挂疏桐》等。相传唐代骆宾王作诗好用数字，如“秦地重关一百二，汉家离宫三十六”，故他又被称为卜算子，词家遂用为调名。《词谱》以苏轼《卜算子·缺月挂疏桐》为正体。双调，仄韵，四十四字，上下阕各四句。

《艺术欣赏》编选：朱维 宁宝剑

图书在版编目（CIP）数据

读有所得.120/《读有所得》编辑部编.—长沙：湖南文艺出版社，2020.12

ISBN 978-7-5404-9931-0

Ⅰ.①读… Ⅱ.①读… Ⅲ.①社会科学—通俗读物 Ⅳ.①C49

中国版本图书馆CIP数据核字（2020）第237773号

读有所得·120

Du You Suo De

中共湖南省委宣传部指导

《读有所得》编辑部编

出 版 人：曾赛丰
监　　制：曾昭来
责任编辑：吕苗莉　匡杨乐　谢朗宁
编　　选：龙昌黄　王玉　朱维　宁宝剑
责任校对：百愚文化　袁学嘉　张怡
装帧设计：萧睿子
封面绘画：蔡皋

湖南文艺出版社出版、发行
（湖南省长沙市雨花区东二环一段508号 邮编：410014）
网 址：www.hnwy.net
湖南省新华书店经销　湖南省众鑫印务有限公司

2020年12月第1版 第1次印刷
开 本：787 mm×1092 mm 1/32
印 张：3.25
字 数：50，000
书 号：ISBN 978-7-5404-9931-0
定 价：10.00元

《读有所得》编辑部
联系电话　0731-85983069　官方邮箱　duyousuode@sina.com
官方微博　https://weibo.com/duyousuode

本社邮购电话：0731-85983015